Color By Num
For Kids Ages 4-8

This book belongs to:

_____

Thank you for choosing our coloring book. It's great that you like coloring books as much as we do! These activities offer hours of fun and are a great way to improve your focus and concentration.

There are all kinds of color by number activities. In this book, we've organized it from easy to hard difficulty levels!

Once you complete the book, there will be a certificate of completion waiting for you as your reward.

Have fun and enjoy!

Level 1

Let's start! In this level, you will have to color in 3-4 colors in each activity.

Ready? Let's go!

1 BLUE 2 ORANGE 3 YELLOW 4 GREEN

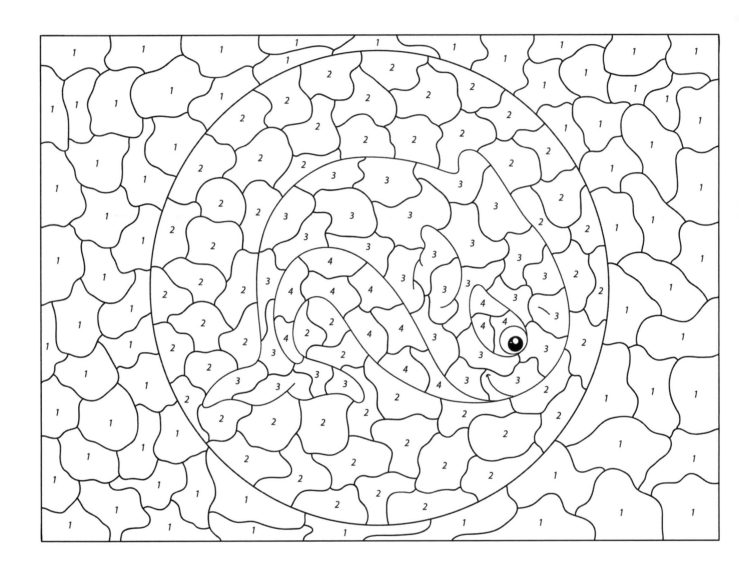

1 PINK 2 BLUE 3 YELLOW 4 WHITE

5

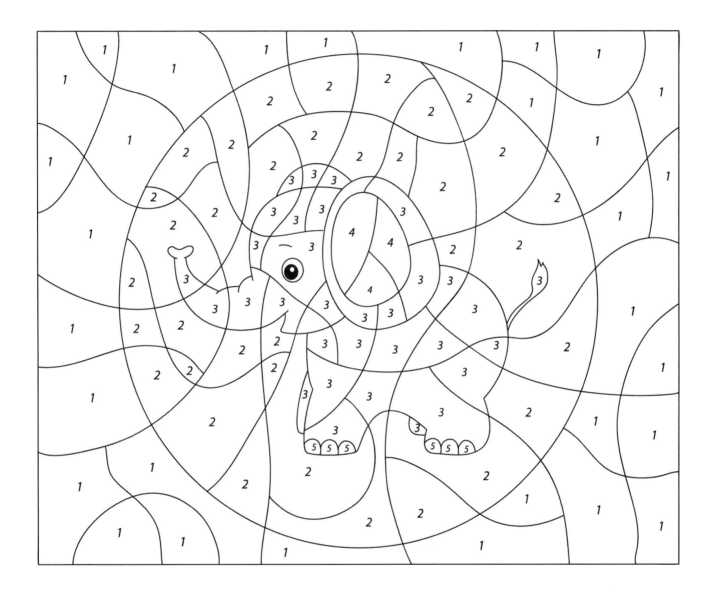

1 YELLOW 2 LIGHT YELLOW 3 BLUE 4 LIGHT BLUE

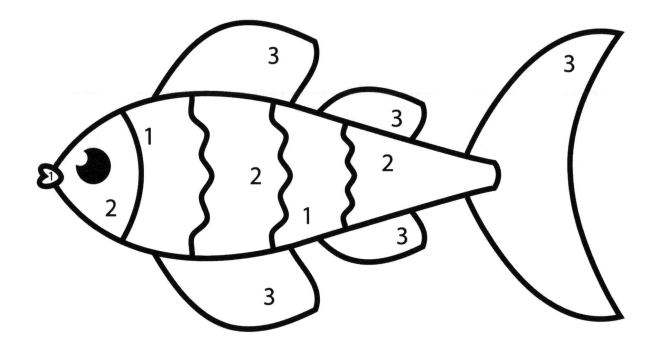

1. Red 2. Orange 3. Yellow

1 RED 2 ORANGE 3 YELLOW

1 DARK RED 2 ORANGE 3 YELLOW 4 RED

1 RED 2 DARK RED 3 GREEN 4 YELLOW

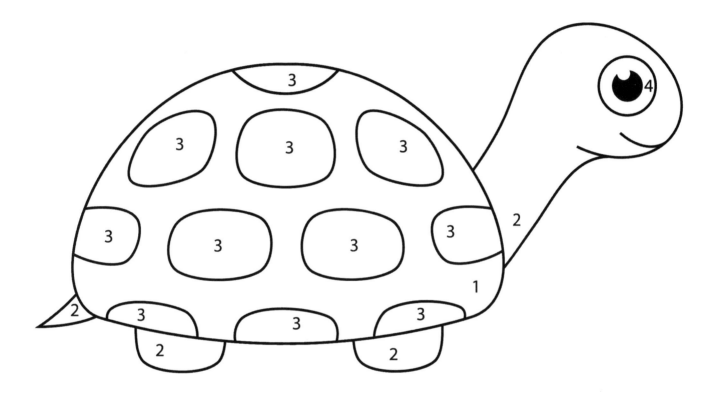

1 BROWN 2 GREEN 3 YELLOW 4 LIGHT BLUE

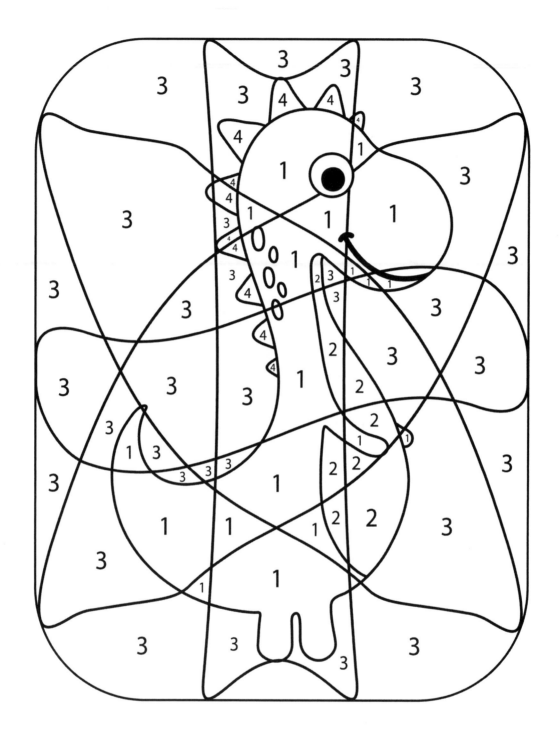

1 GREEN 2 YELLOW 3 LIGHT YELLOW 4 LIGHT BROWN

11

1 YELLOW 2 ORANGE 3 PURPLE 4 DARK BLUE

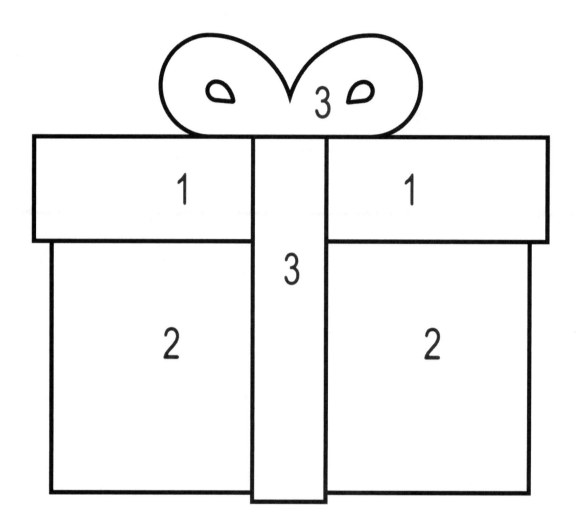

1 GREEN 2 LIGHT BLUE 3 RED

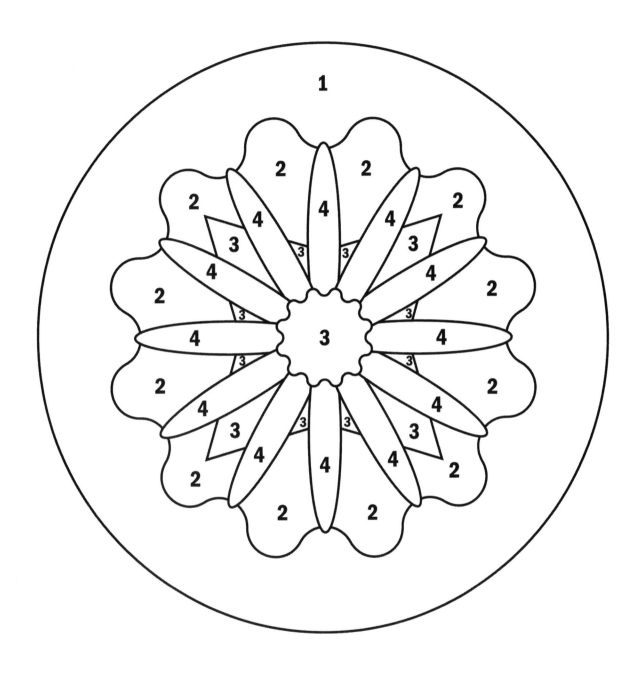

1 BLUE　2 YELLOW　3 ORANGE　4 LIGHT BLUE

1 ORANGE 2 WHITE 3 LIGHT BLUE 4 GREEN

1 WHITE 2 RED 3 BROWN 4 PINK

1 GREEN　2 YELLOW　3 GREEN　4 LIGHT BLUE

1 RED 2 PINK 3 GREEN 4 LIGHT BLUE

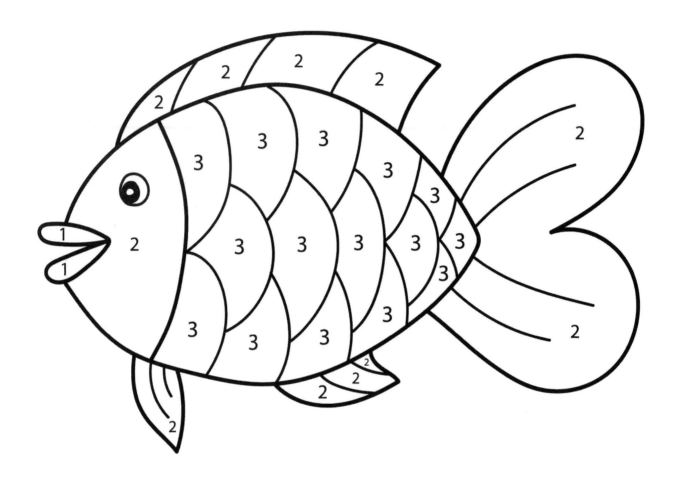

1 GREEN 2 YELLOW 3 ORANGE

19

1 RED   2 YELLOW   3 GREEN   4 BROWN

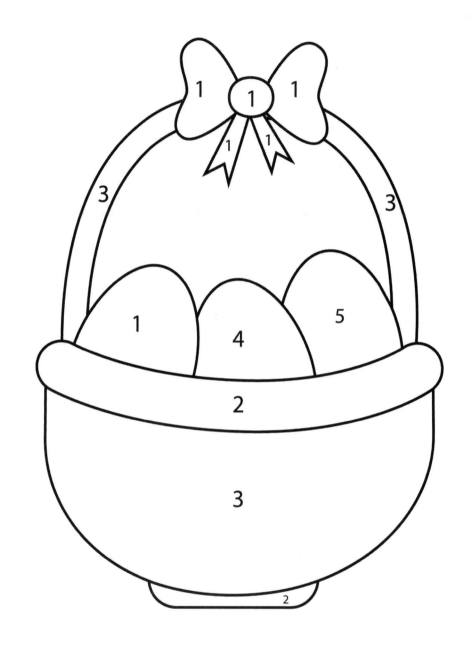

1 RED 2 LIGHT BROWN 3 YELLOW

4 LIGHT BLUE 5 GREEN

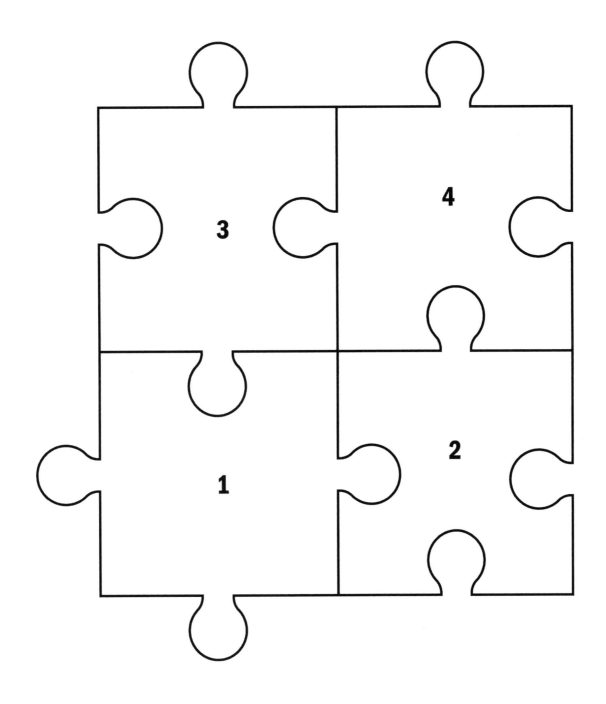

1 RED 2 YELLOW 3 GREEN 4 LIGHT BLUE

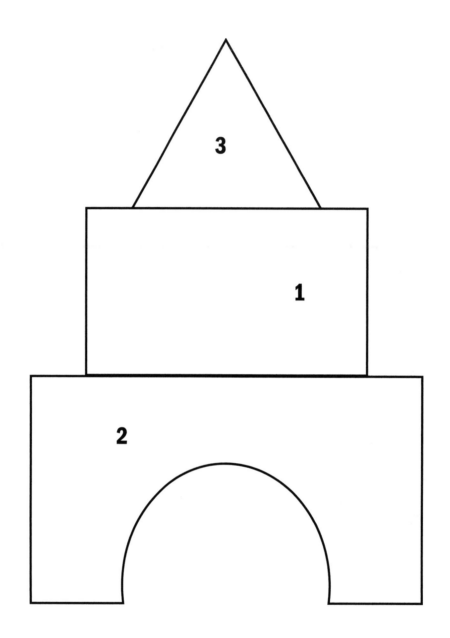

1 BLUE 2 ORANGE 3 GREEN

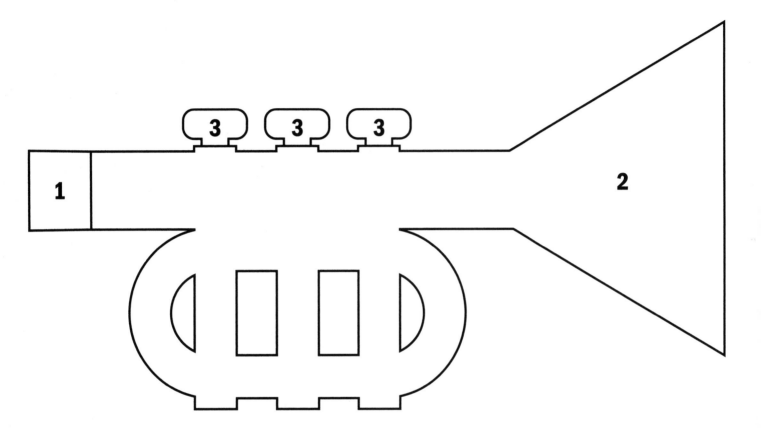

1 ORANGE 2 YELLOW 3 PURPLE

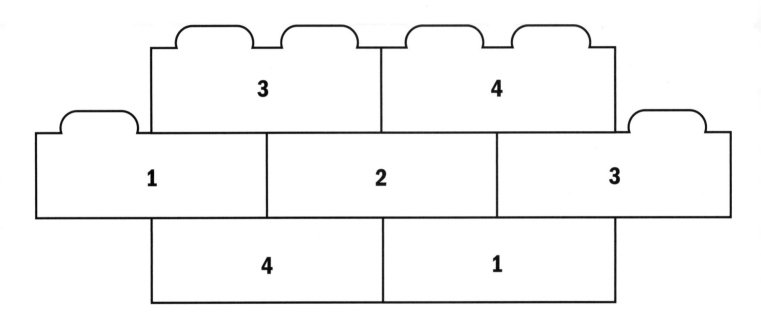

1 RED 2 YELLOW 3 BLUE 4 PURPLE

1 BROWN 2 LIGHT BROWN 3 YELLOW

Level 2

In this level, you will have to color in 4-5 colors in each activity.

Ready? Let's go!

1 GREEN 2 YELLOW 3 LIGHT BROWN
4 DARK BROWN 5 RED

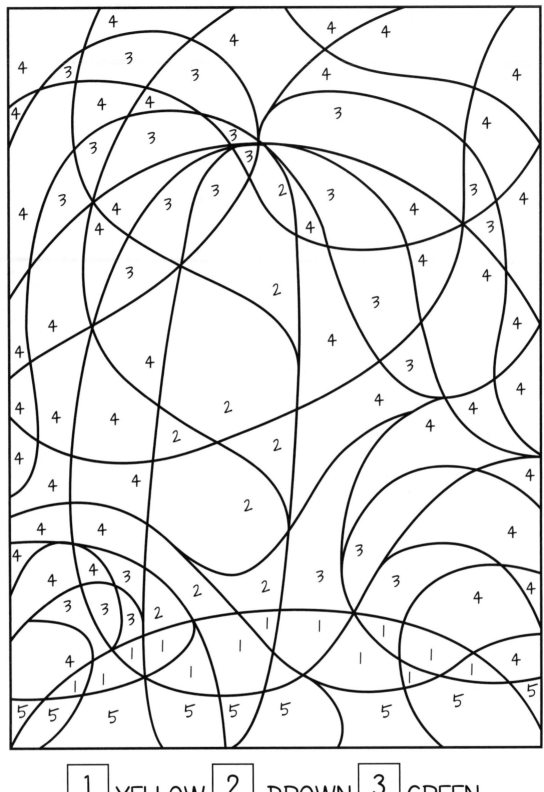

1 YELLOW   2 BROWN   3 GREEN

4 LIGHT BLUE   5 DARK BLUE

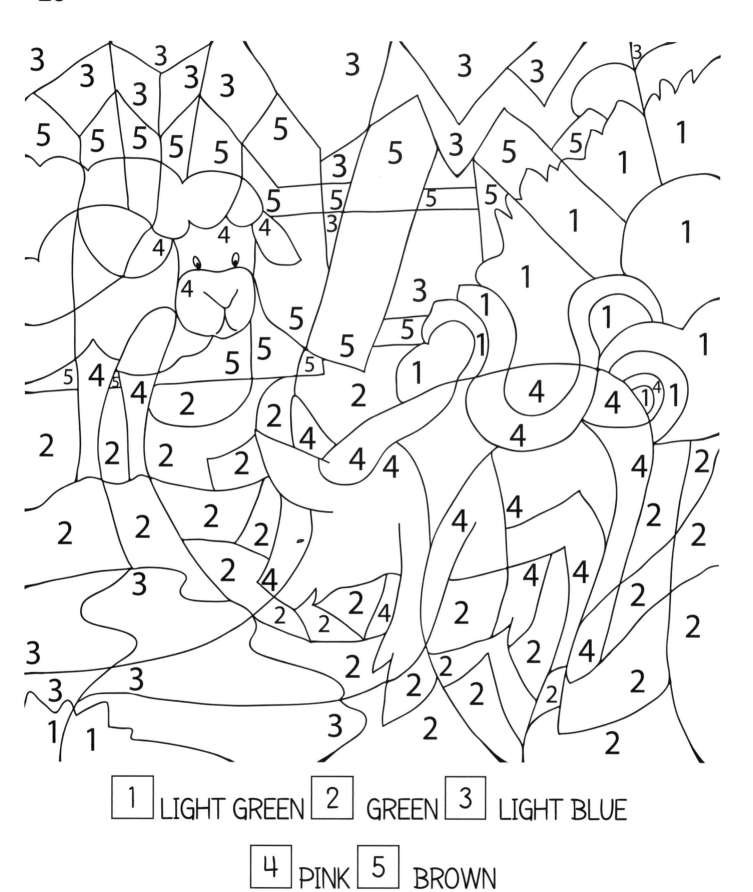

1 LIGHT GREEN 2 GREEN 3 LIGHT BLUE

4 PINK 5 BROWN

5	5	5	5	5	5	5	5	5	5	5	5	5	5	5	5	5	5
5	5	5	5	5	5	5					5	5	5	5	5	5	5
5	5	5	5	5	5								5	5	5	5	5
5	5	5	5	5	5		1		1				5	5	5	5	5
5	5	5	5	5	3	3	3	3					5	5	5	5	5
5	5	5	5	5	5								5	5	5	5	5
5	5	5	5	5	5	2	2	2	2	2	2	5	5	5	5	5	5
5	4	4	5	5	2	2	2	2	2	2	2	5	5	4	5	5	5
5	5	5	4	4							2	2	4	4	5	5	5
5	5	4	5	5			1				2	2	5	5	4	4	5
5	5	5	5	5								2	2	5	5	5	5
5	5	5	5	5	5							2	2	5	5	5	5
5	5	5	5	5			1						2	2	5	5	5
5	5	5	5										2	2	5	5	5
5	5	5	5	5	5									5	5	5	5
5	5	5	5				1							5	5	5	5
5	5	5	5											5	5	5	5
5	5	5	5											5	5	5	5
5	5	5	5	5									5	5	5	5	5
5	5	5	5	5	5	5	5	5	5	5	5	5	5	5	5	5	5

1 DARK BLUE 2 RED 3 YELLOW

4 BROWN 5 LIGHT BLUE

1 RED 2 YELLOW 3 GREEN

4 LIGHT GREEN 5 BLACK

1 PINK 2 YELLOW 3 LIGHT BLUE

4 PURPLE 5 WHITE

1 YELLOW 2 PURPLE 3 PINK

4 WHITE 5 BLUE

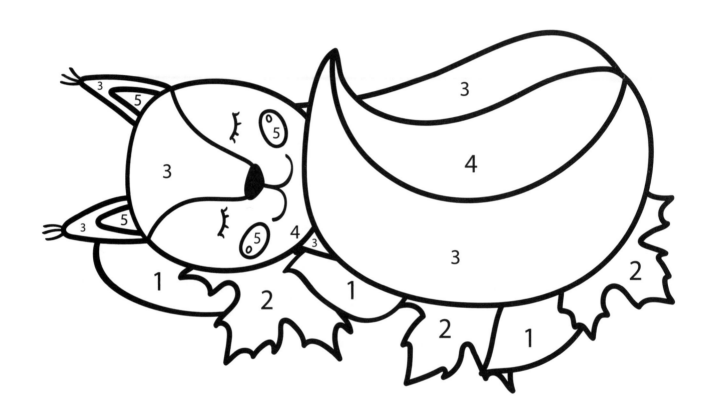

1 GREEN 2 ORANGE 3 BROWN

4 LIGHT BROWN 5 RED

1 BLUE 2 RED 3 GREEN

4 YELLOW 5 LIGHT BROWN

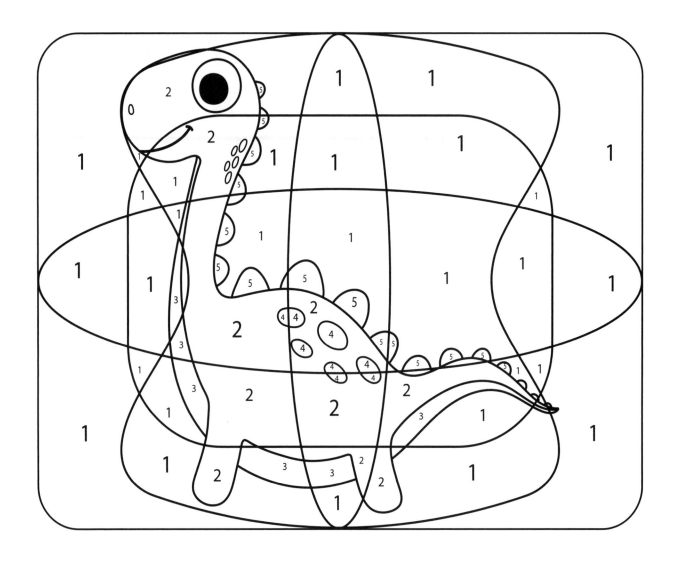

1 LIGHT YELLOW 2 LIGHT BROWN 3 YELLOW

4 LIGHT BROWN 5 ORANGE

1 PINK 2 GREEN 3 YELLOW

4 ORANGE 5 LIGHT BROWN

1 LIGHT BLUE 2 BLUE 3 DARK GREEN

4 LIGHT GREEN 5 PINK

1 YELLOW 2 WHITE 3 GREY

4 LIGHT BLUE 5 DARK BROWN

1 PURPLE 2 YELLOW 3 RED

4 LIGHT GREEN 5 DARK GREEN

1 BLACK 2 BROWN 3 GREEN

4 DARK BROWN 5 LIGHT BLUE

1 LIGHT BLUE 2 ORANGE 3 YELLOW

4 RED 5 YELLOW

43

1 ORANGE 2 YELLOW 3 GREEN
4 LIGHT GREEN 5 LIGHT BLUE

1 RED 2 BROWN 3 GREEN

4 LIGHT GREEN 5 LIGHT BLUE

45

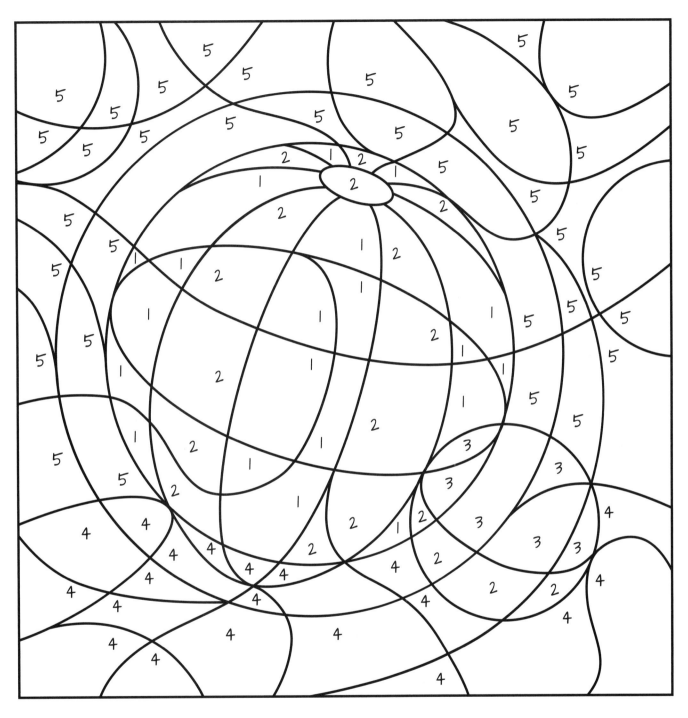

1 RED 2 YELLOW 3 PINK

4 GREEN 5 PURPLE

5	5	5	5	5	5	5	5	5	5	5	5	5	5	5
5	5	5	5	5	5	2	1	2	5	5	5	5	5	5
5	5	5	5	5	2	2	1	2	2	5	5	5	5	5
5	5	5	5	5	1	1	1	1	1	5	5	5	5	5
5	5	1	5	5	1	1	1	1	1	5	5	1	5	5
5	5	5	1	5	4	1	1	1	4	5	1	5	5	5
5	5	5	5	4	4	1	1	1	4	4	5	5	5	5
5	5	5	4	4	4	1	1	1	4	4	4	5	5	5
5	5	4	4	4	4	3	3	3	4	4	4	4	5	5
5	4	4	4	4	4	1	1	1	4	4	4	4	4	5
5	4	4	4	4	3	3	3	3	3	4	4	4	4	5
5	4	4	4	4	1	1	1	1	1	4	4	4	4	5
5	5	4	4	5	3	3	3	3	3	5	4	4	5	5
5	5	5	1	5	5	3	3	3	5	5	1	5	5	5
5	5	5	1	5	5	5	5	5	5	5	1	5	5	5
5	5	1	5	5	5	5	5	5	5	5	5	1	5	5
5	5	5	5	5	5	5	5	5	5	5	5	5	5	5

1 DARK 2 YELLOW 3 ORANGE

4 BLUE 5 LIGHT BLUE

1 RED　2 GREY　3 DARK GREY

4 ORANGE　5 YELLOW

1 ORANGE 2 YELLOW 3 GREEN

4 PINK 5 LIGHT BLUE

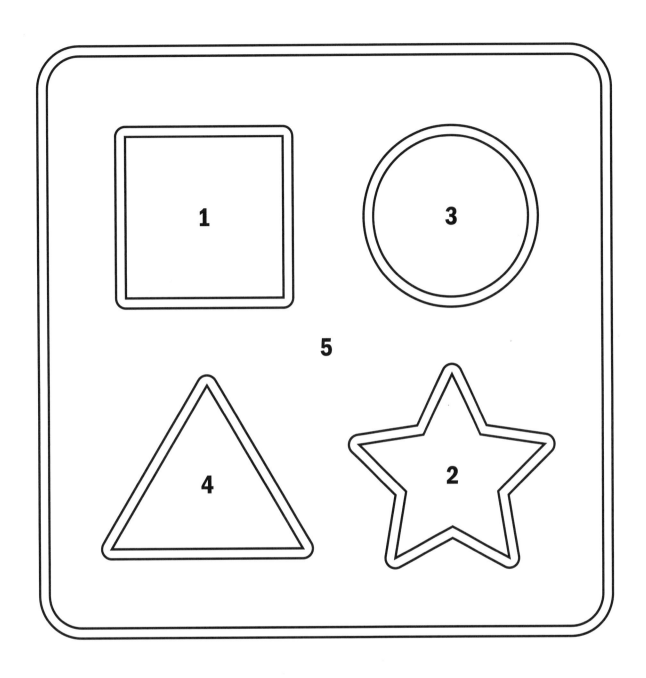

1 RED 2 ORANGE 3 YELLOW
4 LIGHT BLUE 5 GREY

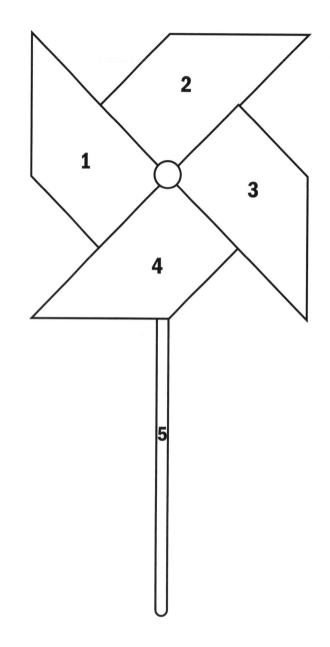

1 RED 2 YELLOW 3 GREEN

4 LIGHT BLUE 5 BLACK

51

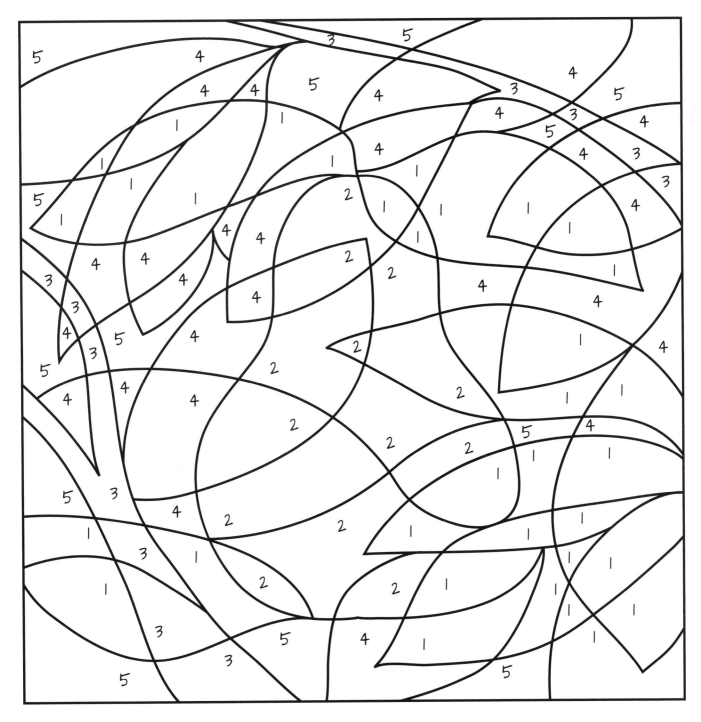

| 1 | GREEN | 2 | PINK | 3 | RED |

| 4 | LIGHT GREEN | 5 | LIGHT BLUE |

1 RED 2 YELLOW 3 GREEN

4 LIGHT BLUE 5 BLACK

1 GREEN   2 LIGHT BLUE   3 LIGHT GREEN

4 BROWN   5 YELLOW

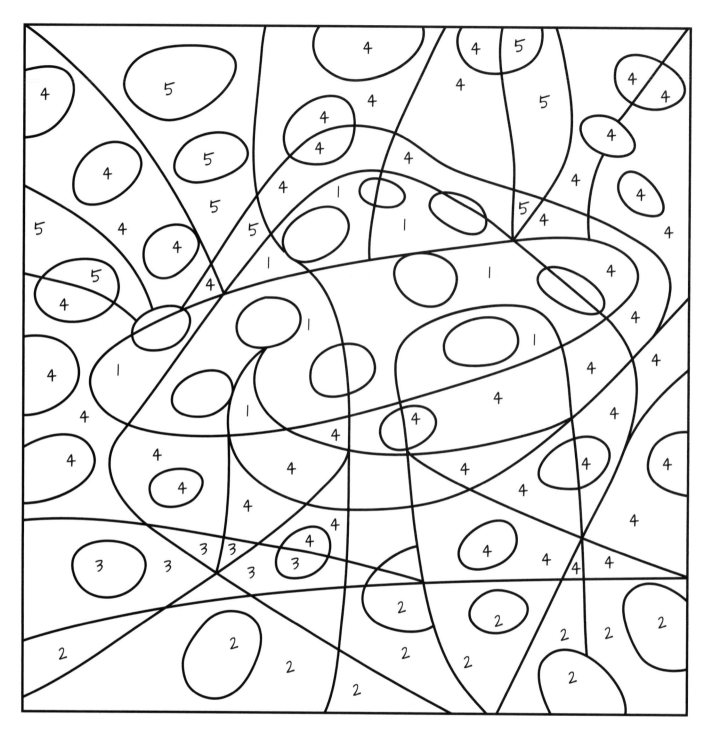

1 RED 2 BROWN 3 ORANGE

4 GREEN 5 LIGHT BLUE

Level 3

Wow you made it far!

In this level, you will have to color in 5+ colors in each activity.

Ready? Let's go!

1 PURPLE 2 LIGHT BLUE 3 GREEN

4 ORANGE 5 YELLOW 6 RED

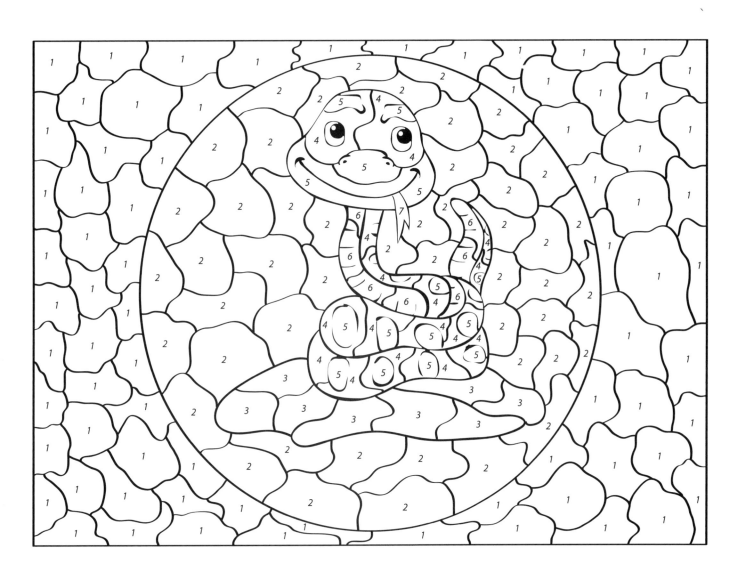

1	BLUE	2	GREY	3	LIGHT GREEN

4	PINK	5	DARK GREEN	6	YELLOW	7	BROWN

1 RED 2 LIGHT BLUE 3 GREEN

4 YELLOW 5 ORANGE 6 BLUE

1 BLUE   2 YELLOW   3 RED

4 GREEN   5 PURPLE   6 LIGHT BLUE

1 BLUE 2 YELLOW 3 LIGHT GREEN

4 BROWN 5 PURPLE 6 DARK GREEN

1 LIGHT BLUE   2 YELLOW   3 GREY

4 BROWN   5 RED   6 GREEN

1 GREEN   2 LIGHT GREEN   3 BROWN

4 ORANGE   5 LIGHT BLUE   6 YELLOW

1 GREEN 2 ORANGE 3 BROWN

4 LIGHT BROWN 5 LIGHT BLUE 6 YELLOW

1 LIGHT BLUE   2 PURPLE   3 YELLOW

4 GREEN   5 BROWN   6 BLUE

1 YELLOW 2 ORANGE 3 PINK

4 RED 5 LIGHT BLUE 6 PURPLE

1 GREY 2 LIGHT BLUE 3 DARK GREY

4 GREEN 5 ORANGE 6 DARK YELLOW

1 LIGHT BLUE 2 GREEN 3 PINK

4 DARK BLUE 5 YELLOW 6 GREEN

1 BLUE 2 YELLOW 3 PINK

4 LIGHT BLUE 5 RED 6 DARK GREEN

1 LIGHT BLUE   2 GREEN   3 DARK YELLOW

4 ORANGE   5 PINK   6 RED

1 DARK BROWN 2 BROWN 3 ORANGE

4 PINK 5 BLACK 6 GREEN

1 LIGHT BLUE 2 GREY 3 YELLOW

4 RED 5 ORANGE 6 BLUE

1 YELLOW 2 BLUE 3 RED

4 BROWN 5 GREEN 6 PURPLE

1 BLACK 2 YELLOW 3 BLUE

4 GREEN 5 WHITE 6 GREY

74

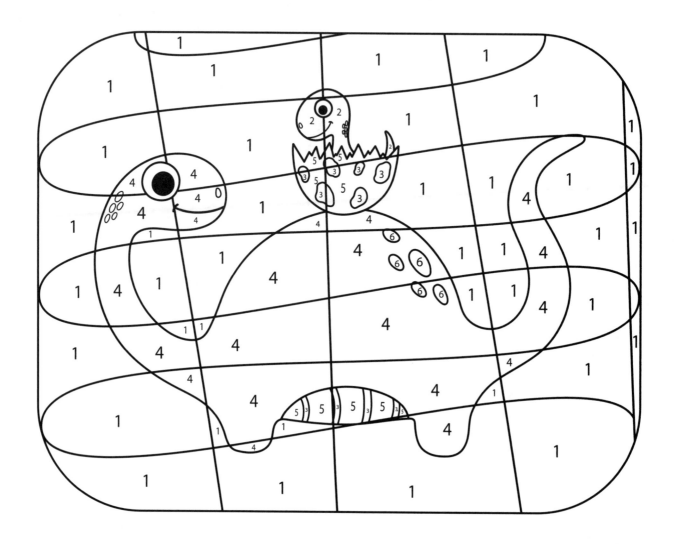

1 YELLOW 2 PINK 3 LIGHT BROWN
4 GREY 5 BROWN 6 DARK GREY

1 ORANGE 2 LIGHT BLUE 3 GREEN

4 YELLOW 5 PURPLE 6 PINK

1 BLUE 2 ORANGE 3 DARK BROWN
4 YELLOW 5 RED 6 LIGHT BLUE

1 BLACK 2 LIGHT YELLOW 3 ORANGE

4 RED 5 LIGHT BLUE 6 GREEN

1 LIGHT BROWN 2 ORANGE 3 YELLOW

4 DARK BROWN 5 GREY 6 BLUE

1 YELLOW 2 RED 3 GREY

4 BLUE 5 GREEN 6 PINK

1 GREEN 2 YELLOW 3 BLUE

4 ORANGE 5 GREEN 6 LIGHT BLUE

1 BLACK 2 LIGHT BLUE 3 RED

4 BLUE 5 YELLOW 6 PURPLE

1 RED 2 YELLOW 3 BROWN

4 BLUE 5 BLUE 6 GREEN

CONGRATULATIONS!

You're truly amazing! I am sure there are some obstacles along the way; it was great you persisted through and finished the job!

If you want to continue with some more word searches, just send me an email to hello.jennifer.trace@gmail.com and I will send you some printable word searches for free.

My name is Jennifer Trace and I hope you found this workbook helpful and fun. If you have any suggestions about how to improve this book, changes to make or how to make it more useful, please let me know.

If you like this book, would you be so kind and leave me a review on Amazon.

Thank you very much!
Jennifer Trace

Congratulations
Color by number Star:

THE BEST!

_____

Date:_____   Signed:_____